JN437934

허공의 곡예사

허공의 곡예사

김 돈 영

매혹적인 사진이 있는 시집

을지출판공사

또 다른 세상을 꿈꾸며

시 · 사진집『바람이 전하는 속삭임』을 2010년에 출간하고
또다시 그동안의 시와 사진을 묶어『허공의 곡예사』를 상재하게 되었습니다.
사업을 하느라 때로는 새벽부터 밤늦게까지 휴일도 없이 현장을 누벼야 하는 현실은
마치 외줄을 타는 허공의 곡예사와도 같은 나날이었습니다.
하지만, 언제나 채워지지 않는 가슴속 시의 말들을 찾아
카메라 앵글로 담으면서 그 순간, 순간 그래도 행복했습니다.
모두 버려야 누릴 수 있는 무한한 자유보다 일과 사진과 시의 이 치열한 삶의 길을
주어진 제 운명으로 받아들이고 앞으로도 묵묵히 걸어 나갈 것입니다.
끝으로 부족한 시 · 사진집을 내는 데 도움을 주신 최옥향 시인님께 감사드리며
을지출판공사 대표님의 노고에도 감사함을 전합니다.

2023년 환한 봄날 쉼터에서

김 돈 영

Contents

제 2 부 마지막 노래

Contents

제 3 부 지금은 기다리는 중

제 4 부 정지된 시간

Contents

제 5 부 중고개 길

제 1 부

창밖에는 비 내리고

소리 명창 공연의 한 장면

소리꾼

숨소리 고르고서
부채를 펼쳐 든다

탁, 하고
한 번 치니
허공이 열리고

툭, 하고
무릎을 치니
발아래가
선경이로구나

허공에서 곡예하는 중 긴급 SOS

허공의 곡예사

수직의 벽에
전생을 걸어 놓고
한 점으로 매달려
거대한 도시의 빌딩 숲 속을
유영하듯 몸을 던져
아찔한 시간들로 엮는
씨줄과 날줄의 삶

허공에 매단 생을
무시로 흔드는
바람의 절벽을 유유히
오르내리며
오늘도
우리 머리 위에서
끝없이 흔들리며
줄을 타는 그들이 있다

빗속에서 사연 안고 날아온 벚꽃잎

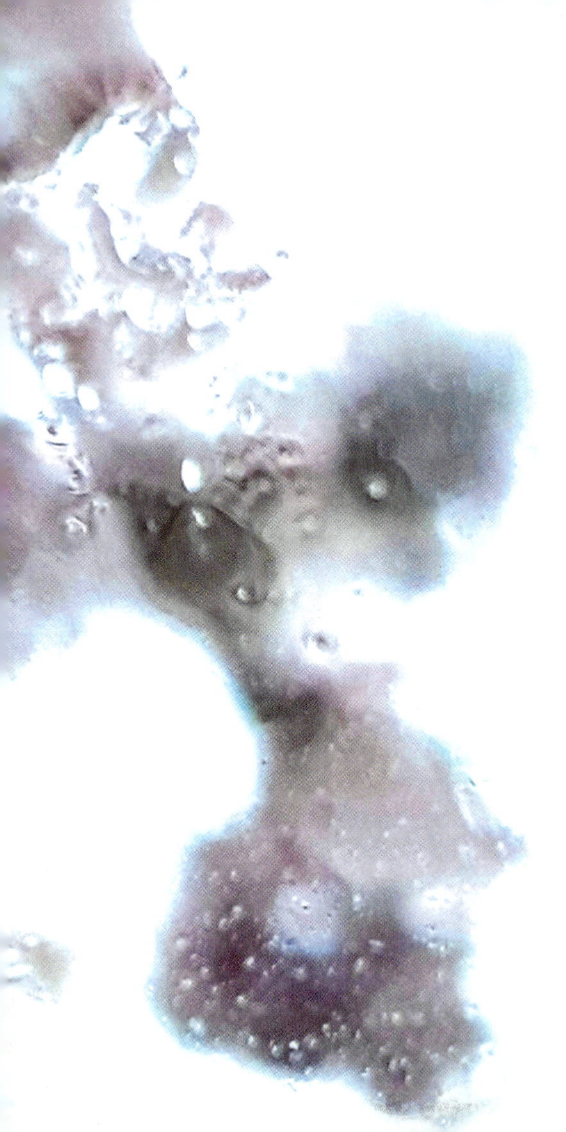

창밖에는 비 내리고

창밖에는 봄비 내리고

라디오에서
빗줄기를 타고 흘러나온
외로운 사연 하나가
문득, 마음과 마음 사이
쓸쓸한 물길로 흐르네

창밖에는 여전히 봄비 내리고

빗속으로 날아온 벚꽃 잎들
그 사연들을 읽고 있는
내 흐린 시야를 씻어 내듯

창밖에는 봄비 내리고

봄이 되어 빨갛게 불타는 진달래

진달래꽃

산자락마다
회오리치는
붉은 그리움

바라보다
열꽃 피어
홍역을 앓네

두견이 울어도
젖지 않는 마음만
뜨겁게 타올라

꽃불 속에서
헤어나지 못하고
온종일 갇혀 버렸네

청정한 북한산 계곡의 백로 1, 2, 3

우수

종일토록 내린 빗발 속

젖은 새 한 마리
어스름에
둥지를 향해 날아간다

덧없는
우리네 인생사인 듯
까닭 모를 시름 자락 인다

망원렌즈로 근접 촬영한 아카시아꽃

아카시아 꽃향기

아련한 세월을 버무려
봉긋이 보듬어온
하얀 숭어리를 바라본다

그 순간
향긋한 바람의 파랑이 일어
가슴 일렁이며 파고드는
한 소녀의 해맑은 웃음
잊혔으리라 믿었던 생각들이
허공으로 날아오른다

왜 그리 수줍어했던지
부끄러운 마음에 고개 돌려 외면해도
바람에 묻어오는 하얀 향기의 추억들
지금도 가슴을 설레게 한다

오늘도
뻐꾸기는 아카시아 숲 속에서 울어 댄다
그날처럼 한낮을 휘어 감고

칠월 불볕에 갈증이 나는 호박잎

칠월

내 영혼은
땡볕의 열기에
논바닥이
갈라지는 메마름으로
타들어 가는데

칠월의 저 하늘
아무 일 없다는 듯
무심하구나

소나기 한줄기
그리워지는 건
어쩌면
본능의 목마름인가

오늘도
더위에 지친 영혼을 이끌고
한 마리 짐승처럼
숲 속을 어슬렁거린다

1

우화의 성충이 되기 위한 과정

2

3

4

우화

해름에 매미 유충을 발견했다는
지인의 다급한 목소리
그곳엔
정적 속에 간간이 셔터 소리만 있었다

서쪽 하늘 끝에 걸린 초승달 아래
한강의 물결도 잠시 숨죽인 듯 고요하다
보랏빛 맥문동 꽃에 거꾸로 매달려
산고의 고통으로 잠시
꽃잎의 미세한 떨림만 있을 뿐이었다

지켜보는 초조한 시간 속에서
드디어 유충의 등이 열리며
매미의 변태가 시작되고
마알간 날개가 보이기 시작하자
모두들 숨죽였던 환호의 시작인 듯
셔터 소리가 쏟아졌다

한여름 밤의 한강변
비로소 긴 터널을 빠져나와
눈부신 햇살 속으로 날아갈
한 생명 앞에서
우리는 모두 숙연해졌다

이른 봄 새잎들이 피기 전의 북한산 향로봉

폭설이 내린 북한산 향로봉의 겨울

북한산 향로봉 제일 멋진 절벽지대의 일출

향로봉 너럭바위 억새

연신내에서 출발해
불광사 지나
약수터 물 한 모금 마시고
가파른 길 거슬러 오르면
전망 좋은 바위가 있다

그 바위 돌 틈에 자란
한 무리의 하얀 억새들

매서운 바람의 채찍에 휘둘리는
이곳까지 올라와 사는 이유는
달의 비밀만큼이나 수수께끼

한여름 타는 듯한 갈증으로
세상이 사막같이 느껴져도

땡볕의 열기에
타는 목마름 견디며
힘든 이들에게
쉬어 가라 손짓한다

달빛에 젖은 한여름 북한산의 삼천사

밤, 산사

한여름 밤의 산사
호젓한 여유로움이 있다

시원스레 불어오는 바람
은은한 풍경 소리
산기슭을 휘감아 도는
해탈의 불경 소리 산사를 감싼다

뜨거운 한낮
미처 털어 내지 못한 무거움들
서둘지 않은 깨달음 속으로
별똥별 하나 떨어진다

봄꽃들이 만개한 고즈넉한 고택

화려한 수련이 핀 물에서 유영하는 청둥오리 가족

초가을에 지난여름을 쓸고 있는 산사의 보살

세월 속에서

스산한 바람에
여며지는 옷깃

여름이 어제 같은데
오늘,
풀벌레 소리 요란하다

푸르고 붉은
피끓는 젊은 나날들이
강물처럼 내달린다

눈길을 사로잡은 샛노란 단풍

단풍잎이 바닥을 덮은 만추의 벤치

앙증맞은 한옥 담장의 붉은 담쟁이

가을 연가

지금도
가슴속에
잊지 않고 떠오른다

단풍잎
붉어지면
그리워 생각나는

찻잔의
소용돌이로
남아 있는 그 사람

반영

네게서 내가 보여
숨길 수 없는
나의 복사판

감출 수 없고
숨길 수 없는
꾸밈없는 나의 거울

조금은 부끄럽지만
수치스럽지 않은
나의 거짓 없는 그림자

그림자가 물에 빠진 선운사 계곡

글벗들과 꿀맛 같은 막걸리 한 잔

건배

서러운 자여
아직 채워지지 않은 마음의 잔을 들어라
늘 부족함에 허덕이는 나날들 속
그대 바라는 소망들로 채워 주리니
조금도 망설이지 말고 힘껏 부딪쳐 보자

모래바람이 울고
죽은 자의 영혼이 깃든
사막에도 숨겨 둔 오아시스는 있고
어둠 뒤엔 빛이 기다리고 있나니

꿈을 가지고
새로움의 잔을 받아라
달콤하고 환한 빛으로 일렁이는
축배의 잔

건배!

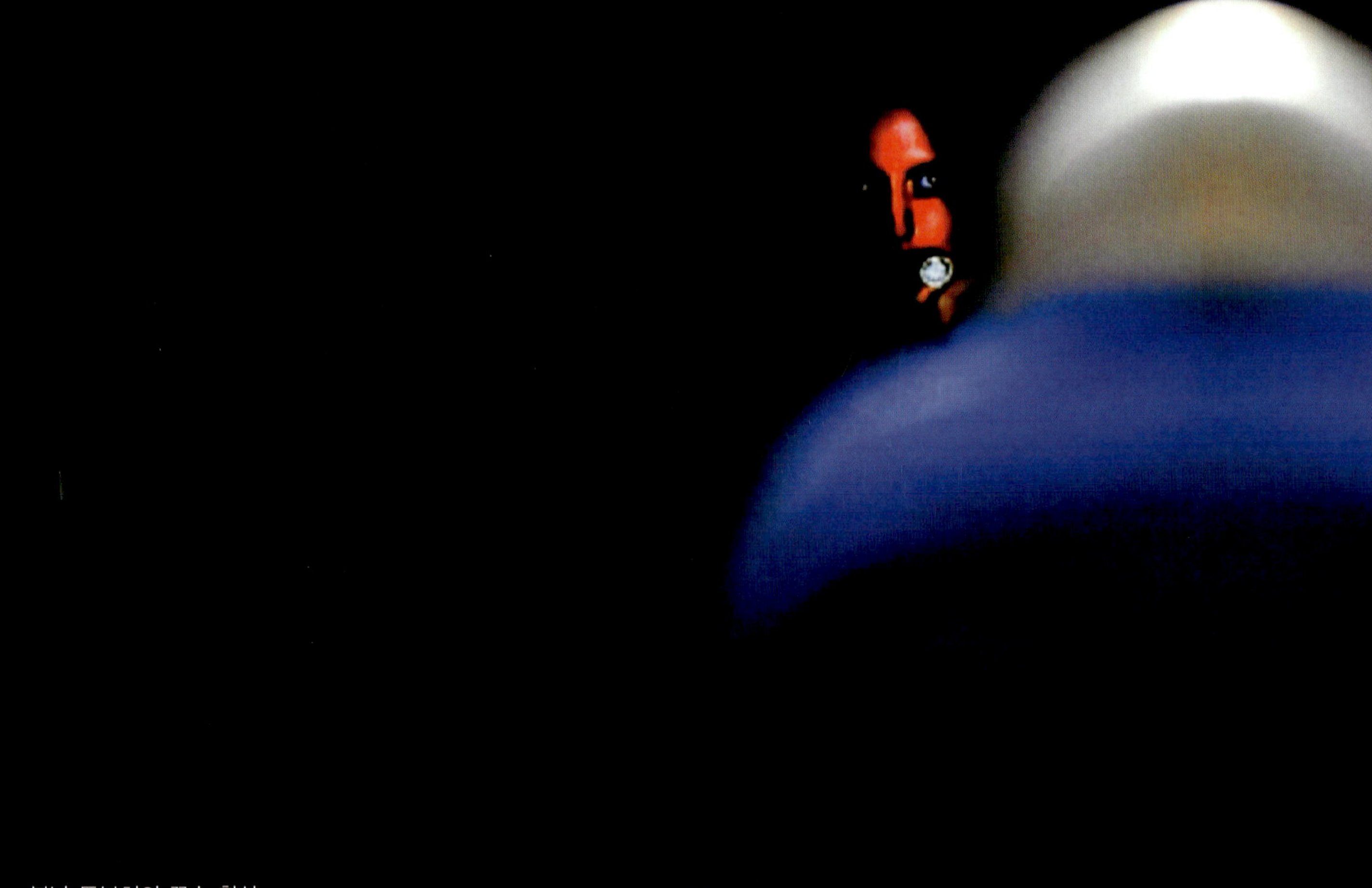

봄날 돌부처의 꿈속 환상

눈 내리는 한겨울에 포효하는 백조

내 안의 또 다른 나

고단한 삶이
자욱한 안개 속에
가려져 있을 때
내 몸 안에서
전설처럼 태어났을까

괴롭고 쓸쓸하여
절벽이 바라보일 때
가슴 뚫린 구멍으로
또 다른 내가
살며시 들어왔을까

마음속에 잡초가 무성하도록
게으름만 피워 대는 그가 미워
어떤 날은 치열하게 싸우던 나날들

기암괴석도 제살 깎으며 세월을 견디듯
시간의 깊이만큼 쌓인 정
이제는 새로움 꿈꾸자고
나는 오늘도 나에게 편지를 쓴다

겨울 클로버

흰 눈 비집고 나와
문득
발길 멈추게 하는
선명한 네잎클로버
그 작은 초록의 손짓

내 얼어붙은 마음을
흔들며 돌아서게 하는
무슨 메시지 같아
오래도록
눈길 거두지 못했다

지난한 시절
불현듯 내게로 와서
아픈 손 잡아 준
단 한 사람

언제나 따뜻한 위로 같은
그 기억의 한 페이지에
오래도록 간직하고파

그 사람이 지금
내 곁에 와 있는 듯
이 차고 시린 추위 속에서도
마음이 따뜻해졌다

정신줄로 버텨 준 고마운 눈 속의 네잎 클로버

늦은 봄 푸른 초원 같은 청보리밭

한겨울 눈 속에서 고행하는 보리

보리

푸르다는 이름은
쉽게 얻어지지 않음을
이제야 알겠다

동안거 속
기나긴 참선

마침내
그 수행의 깨달음에
동행하고 싶다

보리야
보리(普提)*야

* 보리(普提) : 불교에서 수행결과 얻어지는 깨달음의 지혜 또는
그 지혜를 얻기 위한 수도의 과정을 이르는 말.

아이의 마음을 사로잡은 농악 한마당

시선을 한 몸에 받은 상모돌리기

우리 민속의 춤 강강수월래

삶의 향기

걸어온 길
그 발자국 하나하나에
마음 베이지 않은 흔적 있던가

가던 길 멈추고
뒤돌아보면
시련조차 그리울 때 있어

첫사랑의 입맞춤같이
때로는 설레고 헛헛하지만
애잔한 그 시간도 삶의 한 조각

젊은 날 한때의 아픔도
멀리서 돌이켜보면
아름다운 추억인 것을

제 2 부

마지막 노래

근접 촬영한 참매미, 리얼 그 자체

마지막 노래

눈길 가는 곳마다
단풍 물들기 시작하는
한로날 늦은 오후

탑의 흔적만 남아
그저 이름만 전하는 탑골*
그 정자 옆 소나무에
뜨람 뜨람 뜨~으~람
때늦은 매미소리

숨죽여 견뎌 온
긴 어둠의 나날들
속수무책으로 놓쳐 버린
내 지나간 시간들 헤아리다
처연한 마음이 되어
한참 올려다보았다

찬바람 스치는 이튿날 아침
작은 소나무 밑
긴 개미들의 행렬이 이어졌다
매미의 한 생이
분주히 해체 중이었다

* 탑골 : 서울시 은평구 진관동에 소재해 있는 통일 신라 시대 대표적인 화엄사찰 10곳 중 하나인 청담사가 있었던 자리. 지금은 절터와 석조보살입상과 아미타불좌상만 남아 있다.

자연 속에서 만난 다람쥐 친구 1, 2, 3

그곳

삼각산 응봉자락 향해
개울을 한참 거슬러
오르다 보면
언제나 기다렸다는 듯
나타나는 다람쥐

몇 컷의 사진으로 인사 나누고
안녕을 묻는 그곳은
개울물 소리 따라 소나무 휘어지고
늦가을 찬서리에도
바위틈엔 구절초 짙은 향기

부대끼는 일상 속에서
자꾸만 마음이
달려가는 환한 그곳

추석 성묘

가을의 길목으로
보름달이 차오르면
오랫동안 떠나지 못한 마음이
항상 달려가는 곳
소문처럼 잡초가 무성한 그곳에
해마다 애타는 사연만 쌓이고
끝내는 나 자신도 모르게
저수지 방죽의 버드나무조차 모르게
마음은 언제나 고향 뒷산에 가 닿는다
눈물로 술 한 잔 올리고
쓸쓸히 돌아서 오는 일과
따르지 못하는 몸 사이에서
해마다 이맘때쯤이면
몸살을 앓는다

추석 전 예초기로 묘역 벌초

겨울을 나느라 고생한 보라색 제비꽃

제비꽃

양지바른 언덕 길섶에
청초한 웃음으로
반겨 주는 제비꽃
사랑이 그리워
가장 먼저 마중을 나왔는가
선명한 보랏빛 꽃잎

부끄러운 듯 고개 숙인
가녀린 모습
입맞춤하려고 다가서려다
잠시 봄바람에 흔들리는 그대
그 마음의 진실 알지 못해
주춤거리며 가만히 바라보았네

시의 모델이 된 운해 속에 잠긴 아중저수지

강바람 은비늘

옛날 어느 고을에 소녀가 살았답니다
철부지 소녀는 물고기를 좋아해
범나비 춤추며 반기는 꽃다지 길 걸어서
눈뜨면 강으로 낚시를 다녔죠

어느 날 청잣빛 고운 하늘에
천둥 비바람 사납게 몰아치더니
늠름한 왕자가 걸어 나왔습니다
물안개 피어나는 잔잔한 호수에서

눈부실 만큼 찬란한 왕자는
소녀를 보자 놀랜 듯 급히
안개 속으로 미끄러지듯 사라졌습니다
설레는 마음 아쉬운 그리움만 남기고

생생한 그 모습 아련해
소리치며 물속으로 뛰어들다 보니
봄날의 꿈이었습니다
애달프게 가슴만 적시는

새벽 동트자 소녀는
강가로 달려가 꿈속을 둘러보았습니다
커다란 은비늘 하나만 남겨 놓은 채
고요 속에 잠긴 호수를

혹여 꿈속의 왕자가 나타날까
소녀는 그 후로도 오랫동안 낚시를 다녔다는
전설 같은 얘기가 날아들었습니다

강바람에 실려 오는 종이배 타고

누이의 은은한 향기를 닮은 찔레꽃 1, 2

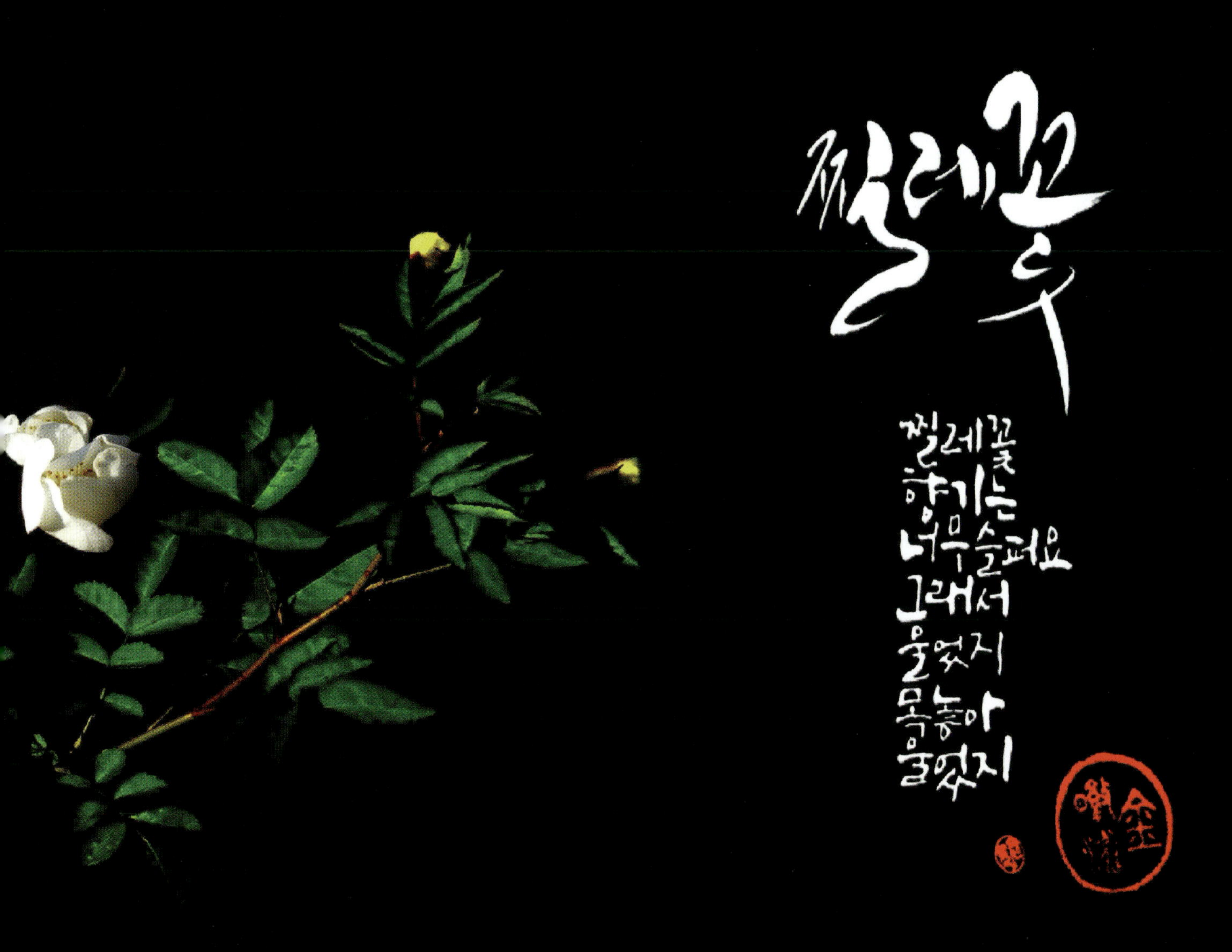

찔레꽃

찔레꽃
향기는
너무 슬퍼요
그래서
울었지
목놓아
울었지

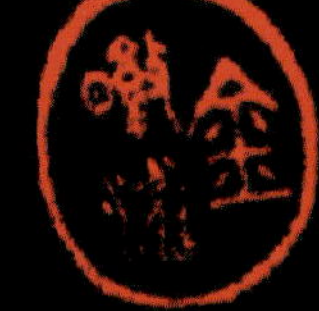

찔레꽃

귀하게 모신 화분의 국화나
태양의 빛을 닮은 장미꽃같이
향기가 헤픈 것도 아니라네

그대 손길 기다리다 목이 메어
달빛을 닮은 꽃

말 못한 사연은
구비마다 가시가 되고

내 누이의 눈물은
밤마다 한 잎 한 잎 떨구는
꽃잎이 되었다네

세계 문화유산이 된 경주 불국사

불국사에서

대웅전 앞마당
다보탑과 석가탑 주위를
웅성거리는 사람들

그 사이를 빠져나와
깨달은 자만이 건널 수 있다는
연화교와 칠보교 건너
극락전에서 오래 서성이다

무리 떠나 홀로
휘어진 노송 사이에서
깊은 불심 느꼈다 한들
그저 작은 돌탑에
모난 돌 하나 얹는 일인 것을

노스님과
차 한 잔 마시며
문득, 어리석은 중생에게
던진 화두
무심의 경지를 읽다

들꽃

이 세상 끝에서
소리 없이 삶을 꽃피우는
오지 속의 자연인같이
늦가을 된서리 내린
메마른 들녘에서
파르르 떨고 있는
쑥부쟁이 몇 송이
그 마지막 숨결 같은
깊고 짙은 보랏빛 향기가
지나는 바람 불러 세우고
빈 들판 가득 채우고 있다

유년의 추억이 많은 검정 고무신

검정 고무신

어릴 적 고향 얘기 하자면
여름에 냇가에서 고기 잡고
개울에서 놀다 떠내려 보내 혼난
검정 고무신을 빼놓을 수 없으리라

장날이라 꼭 사 오신다 했지만
새벽에 이별하는 소가 남기고 간
오물이 스멀스멀 새어 들던 신발

세월이 흐를수록
오롯이 진한 그리움으로 남은
다시는 가질 수도
돌아갈 수도 없는 날들

애잔한 유년의 가난조차
추억이라는 이름으로
불러 보는 정겨운 노래

500년 세월을 품은 원정리 느티나무

아버지의 술잔

지친 일상 내려놓고
술잔 앞에 앉으면
아득히 일렁이는 지난한 시간들
가장이란 이름의 무게를
견디느라 휘청거릴 때면
나 어릴 때 떠나신 아버지의
가늠할 수 없는 그 모습 떠올라
세월이 하얗게 내려앉은
머리를 떨구고 생각합니다
세상의 아버지가 마시는 술은
눈물이 반이라는 말
그 시절
비바람 속에서도 묵묵히
온 마을 지키며
수호신으로 서 있던 느티나무
그 당당한 나무 한 그루가
문득 생각나는 저녁입니다

폭설 속을 걸어가는 다정한 여인

진눈깨비

내 마음 허허로워
문득 쳐다본 하늘에
진눈깨비 날린다
그립다 보고 싶다
다급한 목소리들
휘휘 허공을 도는
저 쓸쓸한 군무는
무엇 찾아 헤매는가
회색의 하늘에 쓰는
저 많은 사연들
차라리 서로 끌어안고
폭설로 내렸으면

악기를 닮은 얼음꽃

얼음꽃

피우지나 말지
원치 않은 운명인데
내심 무엇을 바라고
숙명에 매달리듯 피어났나

누구도
부추기거나
권하지도 않았던
스스로의 선택이었던
고귀한 희생

빛을 두려워하고
차가운 바람의 웃음을 좇는
버림받은 운명의 그대

아무도 보아주지 않지만
깊은 가슴앓이하며 피어난
그대의 이름은 얼음꽃

산수화 같은 얼음꽃

인터넷에서 클로버의 꽃말을 찾아보면 세 잎은 행복, 네 잎은 행운 성공 재운, 다섯 잎은 금전운, 여섯 잎은 기적, 일곱 잎은 천운 명예 권력, 여덟 잎은 더불행운이라 나와 있는데 아직 여덟 잎만 못 찾아보았습니다.

한잎 두잎 꽃말은 없는 것 같아서 예전에 제가 한 잎은 복(건강+금전)이라 지었으니, 두 잎은 여러분들이 지어 주시고 귀한 클로버들을 보셨으니 특별히 행운이 더 있었으면 좋겠습니다.

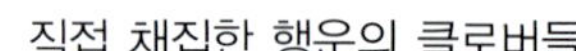

직접 채집한 행운의 클로버들

직접 채집해 액자로 만든 클로버 가족

네잎 클로버

행운이란 이름으로
올 수도
오지 않을 수도 있는
그 빛을 좇아가는 사람들

무엇 하나
쉽게 내어 주지 않는
메마른 삶 속에서
허둥대느라 놓쳐 버리는
기회들이 있다

한 장 한 장 책 페이지 넘기듯
배려의 마음으로 몸 낮추어야만
비로소 보이는 작고 소중한 것들을
함부로 헤집고 짓밟지 마라

뒤엉켜 있는 많은 클로버
그 무리 속에는
문득, 손을 내미는
네잎 클로버가 있다

태양이 눈부신 남해의 일출

새해 아침의 기도

얼어붙은 창공을
거침없이 날아가는 독수리같이
칼바람도 묵묵히 견디는
절벽 위의 소나무같이
남해 푸른 바다
솟아오른 눈부신 태양 속으로
미끄러지듯 떠나는 고깃배처럼
새해 첫날 아침
내일을 향하는 걸음마다
그렇게 의연하게
나아가게 하소서!

노린재의 사랑

한여름의 폭염도
그저 웃음만 흘리고 말 뿐
뜨거운 열정은 막지 못한다

서로 무언가 말하려는 듯
입꼬리 흔들렸지만
내뱉지 못한 몸짓의 언어

주위의 시선
아랑곳하지 않고
서로를 당기며
노린재는 사랑을 불태운다

파인더 창 바라보며
숨죽이게 하는
저 침묵의 기술

엄지손가락 위에서 열애 중인 노린재

비 그친 후 낚시에 열중하는 촌로

강태공

무엇을 낚을까 욕심내지 않으니

바람에 실려 온 세월을 낚네

마음 비우고 기다리면 곧

대자연도 품에 안을 수 있으리

새벽에 힘들게 촬영한 그믐달 월출

초망원렌즈로 촬영한 밤하늘의 그믐달

일출 직전의 한라산 왕관봉의 그믐달

그믐달

먼동이 트기 시작하니
한라산 왕관봉 위에 떠 있던
당신의 얼굴이 멀어질 듯
희미해져 갑니다

겨울 칼바람 소리 요란한
바람벽에 기대어
긴 밤을 지새우던
숨죽인 울음소리

밤새 머리맡을 어지럽히던
찬 새벽을 가르며 날으는
기억의 새 한 마리

한 해의 끝자락에 서서
창백하고 여윈
저 그믐달에 걸린
어머니!
당신의 한 생을 생각합니다

제 3 부

지금은 기다리는 중

소금

가끔 파도 소리가 들리나 싶더니
진한 단내가 배인 숨결 느낀다

아주 오래전에 본
말 못한 구름의 눈물일까
바다가 남긴 아픔일까

진액이 다 빠지도록
가슴 온통 태우고서야
비로소 태어난 결정체

삶과 죽음 초월하여 뜬
바다의 흰 별

순백의 결정체를 만드는 신안 염전

장군바위가 있는 가진항의 새벽 여명

새벽부터 기다려 얻은 행운의 오메가

지금은 기다리는 중

사진 촬영을 위해
신새벽에 해 돋기를 기다리며
웅크리고 있다

벌거벗은 늙은 단풍나무 아래
저만치에서 먼 곳 응시하며
서 있는 K사장

기온이 내려간 겨울에는
귀와 발이 동상에 걸리는
지독한 몸살 앓지만

가슴 뜨거워지는 한 컷을 위해
앵글 속 단 한 번의 포착을 위해
먹이 낚아채는 매의 눈으로
지금은 기다리는 중

옥정호

운무가 한 마리 용처럼 꿈틀대며 깨어나는
새벽의 경이로움 바라보노라면
홀연히 빼앗기는 마음

수많은 산자락을 적시고
굽이굽이 유유히 흘러와서
몸을 뒤척이고 쉬어 가며
그려 놓은 섬진강의 풍경들

물비늘 반짝이는 한낮의 햇살과
산그늘 드리우는 붉은 저녁노을
하루에도 몇 번씩 몸 바꾸는 모습에
마음은 언제나 아찔한 호수 위로 날아오른다

* 옥정호는 전라북도 임실군에 있으며, 사계절 다르게 보이는 붕어섬을 촬영하러 사진작가가 많이 찾는 호남 최고의 명소이다. 아침 햇살에 피어오르는 물안개는 마치 신선이나 노닐 법한 풍경으로 국사봉에서 보는 것을 최고로 친다.

운무가 깔린 임실 옥정호의 아침 여명

처마 끝에서 떨어지는 봄비 낙숫물

봄비

똑, 똑
처마 끝에서
떨어지는 빗방울

이제 그만
잠에서 깨어나라고
닫혀 있던 빗장 흔드는 소리

겨우내 얼었던 마음
차가운 심장 두드리면
금세 온기 돌아
화사하게 꽃 피우고

나비도 훨훨
문 열고
날아오르리라

수리산에서 만난 연인, 변산바람꽃

바람꽃

무릎 꿇어야 하리
그대를 만나려면

후미진 곳곳에
아직 잔설이 남아 있는
수리산 깊은 산속

잊었던 연인 만난 듯
엎드려
넋 잃고 들여다보다
살짜기
카메라 셔터 눌러본다

그 이름만으로도
심장이 뛰는 것은
기다리던 봄이
나에게도 왔기 때문인가

물질 나가는 제주의 해녀 전사들

제주의 해녀

파도를 이기지 못하면
그 누구도
살아남을 수 없었던
유배의 섬

태풍 같은 역경도 이겨 낸
끈질긴 생명력이 넘실대는
호오이~
숨비소리 가득한 바다

돌담 너머
불어온 거친 바람에
온갖 설움 실려 보내고
오늘도 물질 나가는 여전사들

춘설 속에 핀 산동마을의 산수유꽃

산수유꽃에서 사랑을 나누는 동박새

봄날에 외출 나온 직박구리 새끼

산수유꽃

남쪽 양지바른 곳에서
가장 먼저 소식 전하는
봄의 전령사

바라다보노라면
어머니 품속 같은
포근함이 깃든다

세상은 변해도
봄이 되면 어김없이 피어나
긴 겨울
차고 어두운 마음 밝히는 꽃

언 내 마음도 녹이는
기다림의 눈물방울같이
몽클몽클 움트는 노오란 봉오리

빨갛게 익은 앵두 한 움큼 드릴까요?

내년을 기약하며 낙화하는 붉은 명자꽃잎

개나리꽃이 피니 담장 위에도 봄이~

봄날은 간다

굽이굽이 산길 돌아
에둘러서 찾아온 봄

속정 주고 떠나가도
가슴속엔 허전함만

내리는 봄비 속에는
내 눈물도 섞여 있다

무영탑

모진 시련에도 꿋꿋이
억겁이 지나도 변치 않는
애끓는 사랑의 내력

한 켜 한 켜
가슴 조아리며 쌓아 올린
흘러간 세월이 녹아 있는 탑

그 그림자에 얼비치는
천년을 휘도는
영혼의 노래가 있어

지금도
사람들의 발길을
멈추게 한다

애잔한 사연이 많은 불국사 무영탑

눈이 맑은 도요새의 꿈은 무엇일까요?

삶

바람은 오고 가도
그 모습 볼 수 없고
파도가 거칠어도
섬들은 잠이 든다

무심히 흘러간 세월은
어디쯤 가고 있을까

삶을 산다는 것은
잡힐 듯 잡히지 않고
보일 듯 보이지 않는
안개 속을 걷는 것

붉은 정염을 품은 앙증스런 새싹

붉게 타는 물가의 상사화

골짜기를 가득 메운 상사화

불갑사의 상사화

홀로이고자 찾은 산사
풍경 소리 애달프다
같은 땅에 곧추서서
끝내 이루지 못한 붉은 정념

돌아누운 인연인가
천년을 기다려도
결코 만날 수 없어
처처히 흘린 눈물

골짜기마다 붉게 흘러내린다

서울의 달

사람들
썰물처럼 빠져나간 밤이면
술꾼들이 하나둘 모여드는

서울 어느 주막에 앉아
막걸리잔 기울이며
곱씹어 본다

산다는 것은 무엇인가
온종일 골똘히 생각해도
정답이 없다는 것을

또 하루를 견딘
어둡고 지친 마음 위로하듯
환한 도시의 달이
내려다보고 있다

휘영청 밝은 보름달과 남산타워

전설을 간직한 굴업도의 개머리 언덕

굴업도 이야기

과거의 시간 속에 머물러 있어
더 정겨운
서해의 끝자락 신비의 작은 섬

개머리 언덕에서 전설을 읽노라면
그 숲과 바다에
닫혔던 가슴이 열리고
별들의 오래된 얘기 듣노라면
밤새 불 밝히고 잠 못 이룬다

굴곡진 삶의 애환에
날마다 눈물이 목울대를 적셔도
굴업도에 다녀오면
오래도록 가슴 붙잡는
기억들이 마음속에 남아 있다

황량한 겨울 들판을 바라보는 허수아비

허수아비

아무리 마음 채우려
이리저리
바람맞는 풀잎처럼 몸부림쳐도
늘 텅 빈 가슴뿐

허허로운 가슴 달래려
돌아다보면
오늘은 힘겹고 내일은 아득한

해진 세상 속에 던져진
외로운 허수아비

겨울 들판에 서서
올 한 해도 잘 견디어 냈다고
노루 꼬리만큼 남은 해
아쉬운 마음으로 바라다본다

첫눈 내린 날

그대는
추억이 있는가
가슴 뛰었던

거리엔 눈발 날리고
강아지가 뛰놀았던
그런 날

아무 말 없이
그저 바라만 보아도
한없이 좋은 연인들

생각만으로도
멀미를 하는
그런 추억 하나 있는가

눈 속에 묻힌 은평 한옥마을

한겨울 눈 덮인 백두산 풍경

별들이 쏟아질 것 같은 백두산의 밤하늘

매일 봐도 싫지 않을 서백두의 일출

아침 빛을 받은 백두산 산용담

백두산 산용담

살을 에는 그 바람 속에서
아슬아슬 험한 낭떠러지에
목숨 걸고 핀 산용담

지척에 막힌 휴전선 울타리
저린 가슴 무거운 발걸음으로
먼 길 돌아온 안타까운 해후

잡은 손 놓지 못하고
얼굴 비비며 흘린 눈물
천지에 쌓였으리

보고파 보고파서
그리움이 바람 되어 떠돌다
밤에는 흰 별이 되었는가

자연 속에 살아 정이 많은 달동네 마을.

달동네

하늘 가까이 한 죄로
긴 한파도 견뎌야 하는
삶의 고통과 애환이 교차하는 터

홀로 남하하여
막일로 근근이 연명하는 김씨
약주 한잔 걸치면
북쪽 고향이 그리워
날마다 눈물짓는 최 노인

일찍이 상처하여
두 남매 보듬고 살아가는
억척스런 일순네

모두가 녹록치 않은 삶 속에서도
서로 지켜 주는 사람들
밤이면 달빛이 가장 먼저 내려오는
하늘 아래 달동네

어머니를 생각하게 했던 마이산 일출

당신

이름만 들어도 힘이 되고
함께 있기만 해도 행복했던
참으로 포근했던 사람

기울었던 달이 차오르고
봄이 오면
다시 꽃들도 얼굴 내미는데
얼마나 오랜 세월 뒤에야
다시 만날 수 있을지

언제나 미소 짓던 당신
겨울바람에 흩날리는 찬눈을 맞으며
오늘도 뜨거운 마음 달래 봅니다

제 4 부

정지된 시간

글라디올러스꽃에서 명상하는 달팽이

계곡의 바위 위를 산책하는 달팽이

달팽이

아침 햇살에
한 줄기 서광이 어리는
호젓한 산사

입 꼭 다문 채
손수 길 닦으며
참선을 한다

한 말씀 여쭈어도
고개만 절레절레
다시 수행하는 달팽이

살아 있는 부처님 아닐까
두 손 모아 합장을 한다

곡선의 부드러움이 있는 봄눈 속의 삼릉

삼릉의 봄눈

거북등처럼 갈라진 소나무
카메라 앵글 속
경주 삼릉의 봄 솔숲

세월의 향기가 가슴에 스미는
소나무 그림자 속에 감춰진
구릉 같은 곡선의 부드러움

솔가지에 얹힌 눈의 무게를 이기지 못해
푸르른 가지 부러져 누운 채
하얀 꽃 피운 노송

간간이 떨어지는 눈 녹은 물방울이
눈물처럼 그 위를 적시고 있다

* 삼릉 : 경주시 배동에 위치한 신라 시대의 고분.

설중매

눈길 헤치고 달려 나와
천년 시린 한파에 발 담그고서도
어찌 그리 붉은 심장 가졌는가

고아한 향기
담장 너머 온 동네 휘감는데
아서라,
뉘라 아득하지 않을 수 있으랴

그대의 향기
어둠 속에 잠든 대지의 생명들을
하나둘 깨우고 있구나

눈 속에 활짝 핀 설중매와 동박새

하늘공원 억새 군락지의 초저녁 풍경

초망원으로 촬영한 하늘공원의 낙조

하늘공원

불광천 따라 걸어가다 보면
거기
하늘로 오르는 오솔길로 펼쳐진
지그재그의 나무 계단을 만난다

유유히 흐르는 한강 굽어보며
온통 억새들의 아우성
그 서걱거림으로 가득한 곳

문득
그리운 사람이 그리워질 땐
가을 저녁을 천천히 걸어
노을 속에 선
억새들의 노래
그 무리 속에 서서

사람과 사람 사이
경계를 허물며
머리 위에 푸른 하늘 이고
이렇게 어우러져 살아 볼 일이다

배 위에서 촬영한 독도의 후면

선착장에서 촬영한 독도의 전면

동도 가장 높은 바위와 해국의 일출

독도

여기서는 모두 돌이 된다
더는, 떠날 수도, 오갈 수도 없는
독한 외로움 똘똘 뭉쳐
신비의 돌이 된다

거센 바람 모진 파도에 굴하지 않고
풀과 나무와 새와 꽃
칠천만의 굳건한 숨결 모아
겨레 지킴의 큰 돌이 된다

여기
새 역사의 새벽 열고
푸른 물결 넘실대는
동해의 파수꾼으로 우뚝 섰다
오,
독도 독도여!

갈대

나를 잊고 산 지 오래다

뒤늦게서야 알게 된
개똥철학 하나

약속한 것은
바람의 충동질이 아니라
흔들림마저도
겸허하게 받아들여야 한다는 것

이것은 살기 위한
처절한 춤이자
노래이다

황금빛을 받은 저녁노을의 갈대

한여름 더위 속에서 화사하게 핀 무궁화

무궁화

비바람 폭풍 이기고
굳건하게 자라난 꿈

팔월의 폭염 속에서도
한 점 남김없이
온몸으로 활짝 피우고

내 유년의
든든한 울타리가 되어 주었던
지칠 줄 모르는 끈기의
오랜 시간 지나

이제
가슴속에 오롯이 피어
환한 오솔길로 남아 있는
내 어머니 같은 꽃

망원렌즈로 힘들게 촬영한 뻐꾸기

뻐꾸기 울음

산속을 맴돌며
눈에 밟혀 떠나지 못한
애절함으로
푸르른 녹음 속에서 운다

미처 전하지 못한 마음
유월의 동화처럼 스며들어
애타게 기다리는 아픔을
가슴에 품은 채 울음 운다

뻐꾹 뻐꾹 뻑뻑꾹~

아버지

생각만 해도 든든하다고
너도나도 얘기하지만
한 조각 유년의 향기조차
남아 있지 않은
텅 빈 기억의 곳간

걸음마를 시작해 한 발짝 두 발짝
세상으로 꿈 펼쳐 나아갈 때
손이라도 한 번 잡아 준
아련한 추억이라도
가슴속에 남아 있으면 좋으련만

세월이 흘러
아버지가 되어서야
비로소 배운 외로움

먼 훗날 아이들의 추억 속에
든든한 울타리가 되어
용기와 힘을 주는 표상이 되기를

그 외로움이
내 아이들에게 대물림되지 않기를
단 하나 바랄 뿐이다

이른 봄 과수원 풍경

고목에서 멋들어지게 핀 밤꽃 1, 2

백운대가 바라보이는 사기막골 밤꽃

밤골

안달 고개에서 마차가 헉헉거리며
수말 산몬댕이 무릎 꿇고 올라챌 무렵
불어오는 바람에 묻어
사뿐히 잔돌배기 내려오는 곳

감자고랑 들춰 보던 과수댁
애절하게 울어 대는 뻐꾸기 소리에
한동안 넋 잃고 주저앉아 있다

나라에서 세워 준 효자비는
잔등 너머 효자골에 있는데
열녀 하나 나오지 않는다

흐르는 세월에 그 흔적 간곳없고
가슴 태우던 밤꽃 향기만 남아
해마다 꽃이 피는 유월이면
지나는 이의 마음을 적신다

* 지금은 그 흔적이 없고 경기도 고양시 덕양구 효자동 북한산 둘레길 11구간에 밤골 공원 지킴터와 밤골계곡의 이정표만 남아 있다.

봉평 메밀꽃

보고픈 마음으로
밤새워 달려갔건만
호들갑스럽게 반기는 빗줄기
헝클어진 속내는
서글픈 위로의 몸짓이다

달빛 속에 서면
꿈속에 있는 듯 설레는
홀로는 제 모습 나타낼 수 없어
어우러져야만 환하게 빛나는
소금빛 안개꽃

첫사랑 만난 듯
가슴 젖게 해 준
희디흰 그리움의 꽃

수줍음 머금은
잔잔한 미소가 살갑다

한겨울 눈꽃같이 희디흰 봉평 메밀꽃

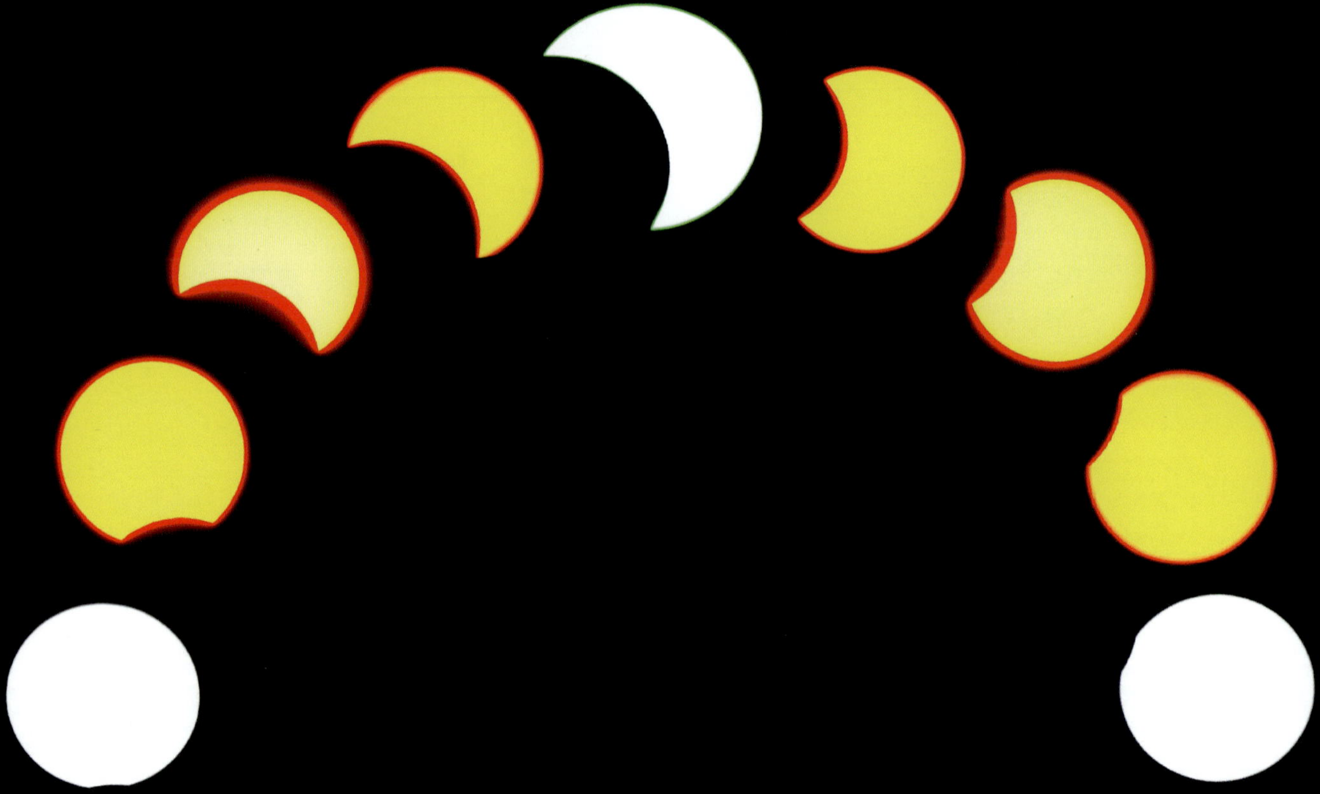

2020년 부분 개기일식

(6월 21일 15시 53분 ~ 18시 06분) 달이 지구와 태양 사이를 지나면서 만들어졌다.

오목

자기 앞에는
나름의 터전이 있다
일생을 개척해 나아가야 하는

기세 좋게 전진하는가 하면
어눌해 훈수해야 하는 이
끝났다 생각할 때 꼼수 두어
또 다른 판을 여는 이

뜻대로 되지 않을 땐
판을 통째로 엎는 이도 있다

아서라
고난도 행운도 거부할 수 없는
오목판 위의 여러 갈래의 길

우리가 찾아 나아가야 할
우리의 길인 것을

염천

팔월의 염천 속
등에 짐 지고 한 발짝 한 발짝
힘겹게 걷는 느린 발걸음들

옷은 수놓은 듯 소금꽃이 핀 어룽
귓가엔 파도 소리가 환청처럼 들리는
한줄기 소나기가 그리워지는 한낮

여행할 때 보았던 동해 추암의 사진작가

늦가을에 비가 내리면 곧 추워지겠지!

가을비 내리던 날 오후

허리 굽은 할아버지
흠뻑 젖어 무거운 골판지 실은
고물 리어카 끌고
묵묵히 언덕을 오르고 있다

우산 받쳐든
학생들 둘
그 뒤
재잘거리며 걸어가고

금세 떨어진 낙엽 한 잎
뒤따르려
바람에 주춤거리다 말고
하늘만 응시한다

멀리서 지켜보던 시선 하나
애처로운지
마음 한 조각 놓아두고
어디론가 급히 떠난다

어둠이 그 주위에
시나브로
밀려오기 시작한다

석류

행여나 오시려나
찬바람 기다림 속

오래된 그리움 하나
속가슴 열리누나

보아라
붉게 타다만
검붉어진 이 가슴

여성들이 좋아하는 발갛게 익은 석류

한번 맛보면 손을 놓지 못하는 누룽지

누룽지

오래된 속담같이 친근한
지난함 속에 살아온 우리들의
은근과 끈기 닮았다

서로가 서로를 껴안아
서로가 서로를 덥히면서
정겹게 녹아든

꽃 피우듯 노릇노릇
온 집안 채우는 향기
어머니의 깊은 정이 녹아 있는
오래된 한 끼의 양식

겨울 찻집

창밖에 눈 내리어
홀로 말없이 하늘 바라보다
추억 속 한 페이지를 생각해 본다

북한산이 바라보이는 언덕 위
구부러진 길 따라 오르면
난로 속에서 주황빛으로 타오르던
따사로운 시간들

언제이었던가
지금은 짙은 커피 향기만 남은
쓸쓸한 기억의 빈자리

창밖에는 여전히
그때처럼
눈이 소복이 내리는데

옛적 운치 있을 때의 진관사 찻집

공들여 직접 만든 수제의 패션 시계들

정지된 시간

따뜻한 봄 맞기에는
아직도 요원한가
뜰의 매화꽃 봉오리
조금 솟아오르기는 하나
영하를 오르내리는 한파

내일의 꿈 기다리는
주머니 속의 도롱이 벌레
긴 겨울잠 속에서
때를 기다리고 있다

섣달 눈 속 시샘에 갇혀
낯선 풍경에서 헤어나지 못해
대낮인데도 시계는 깨어나지 못하고
장난감 노릇만 하고 있다

남국의 따사로운 햇볕 한 줌 데려와
늘어진 시간의 태엽을 감고 싶은 날이다

제 5 부

중고개 길

중고개 길

스님이 왕래하던 길이었을까
지금은 흔적조차 없고
이름만 남아 있는 길

전설 속 그때로 돌아가
불심에 젖어 걸으면
속가의 번뇌 알 수 있을 것 같다

바람이 불면
비구니의 장삼
여인의 치맛자락처럼
스치는 소리 들리고
눈 감으면
독경이 바람에 실려 온다

은은하게 들리는 풍경 소리와 함께

* 고양시 덕양구 지축동 200번지 일대에 중고개 마을이 있었다는데 지금은 흔적이 없고 길 이름만 새로 편성된 도로명으로 사용하고 있다.

봄날 스님이 먼 길을 나섰다?

글을 쓰느라 자주 들렀던 낭만 호프집

낭만 호프집

지친 하루의 일과 끝내고
어느덧 향하고 있는 발길

지하로 휘어진 계단 내려가면
익숙한 구석진 자리의 편안함
언제부터인가 시작된
이 거부할 수 없는 반복의 일상

집을 지척에 두고
날마다 제대로 된 시 한 줄 얻지 못하고
돌아서는 게 다반사지만

알 수 없는 끝없는 갈증으로
어느새 발길은
오늘도 계단을 내려서고 있다

나그네

굽이굽이 휘도는 섬진강 위
긴 그림자 끌며 흰 구름 지나는
첩첩이 쌓인 지리산 자락

때깔 고운
왕시루봉의 붉은 단풍
바위 틈새에
찬 서리 맞으며 핀 구절초

붉게 타오르는 노을 속
하얗게 흔들리는 억새들
지나는 바람 같은 이
손짓하며 불러 세운다

나그네의 발길을 붙잡는 석양의 억새

허공의 곡예사

서울 세계불꽃축제

세상의 영혼들이 승천하는 듯…

가을 분위기 나는 억새 불꽃과 보름달

오늘

사는 동안 줄곧,
걷거나 달릴 수만은 없습니다

때로는 주저앉아
뒤돌아보는 회한의 시간들

어디로 어떻게 가야 하는지

어스름 저녁 저무는 강가에서
머리 숙여 기도해 봅니다

오늘 하루도 이렇게
무사히 잘 살았노라고

담장 위에서 시보를 알리는 수탉

수탉의 아침

꼬끼오~ 아침이요~
푸른 어둠 뚫고
시보(時報)를 한다

때 모르는
세상의 아침 위해
부르는 첫 노래

홰를 치며
다시 목청 가다듬고
한 번 더 크게 외쳐 본다

꼬끼오!
아침이요!

버들개지

선잠 깬 개구리
얼음장 밑에서 목을 빼는
잔설이 깔린 개울가

머리에 반짝이는
얼음 조각 이고 서서
파르르 떨고 있는 버들개지

봄을 시샘하는 바람 속에서
소름 돋듯 오소소
내 마음까지 시리다

환한 햇살 한 줄기에
꽃그늘 드리울 따뜻한 봄은
아직도 더딘 걸음인데

이른 봄 추위에 떠는 개울가의 버들개지

새색시 같은 우아한 순백의 목련

행복한 포로

봄이 되어
자칫 방심하다 보면
꽃들에게 포위되어
꼼짝 못 하고 갇히게 된다

목련을 선두로
화려한 꽃차례가
한 계절을
온통
환하게 밝히려고
저요, 저요~
모두들 아우성이다

그 꽃들의 향기에 취해
이 봄도
나는 기꺼이 또 포로가 된다

명품

마음을 글로 적는다고
모두 시(詩)가 아니듯
담을 수 있게 가슴 비웠다고
모두 도자기는 아니다

혼과 정성이 깃들지 않으면
영원히 빛을 발하지 못하는
한낱 무용지물인 것을

우리는 많은 담금질을 해
오랜 세월이 흘러도
변치 않는 향기 내뿜는
진정한 장인이 되어야 하리

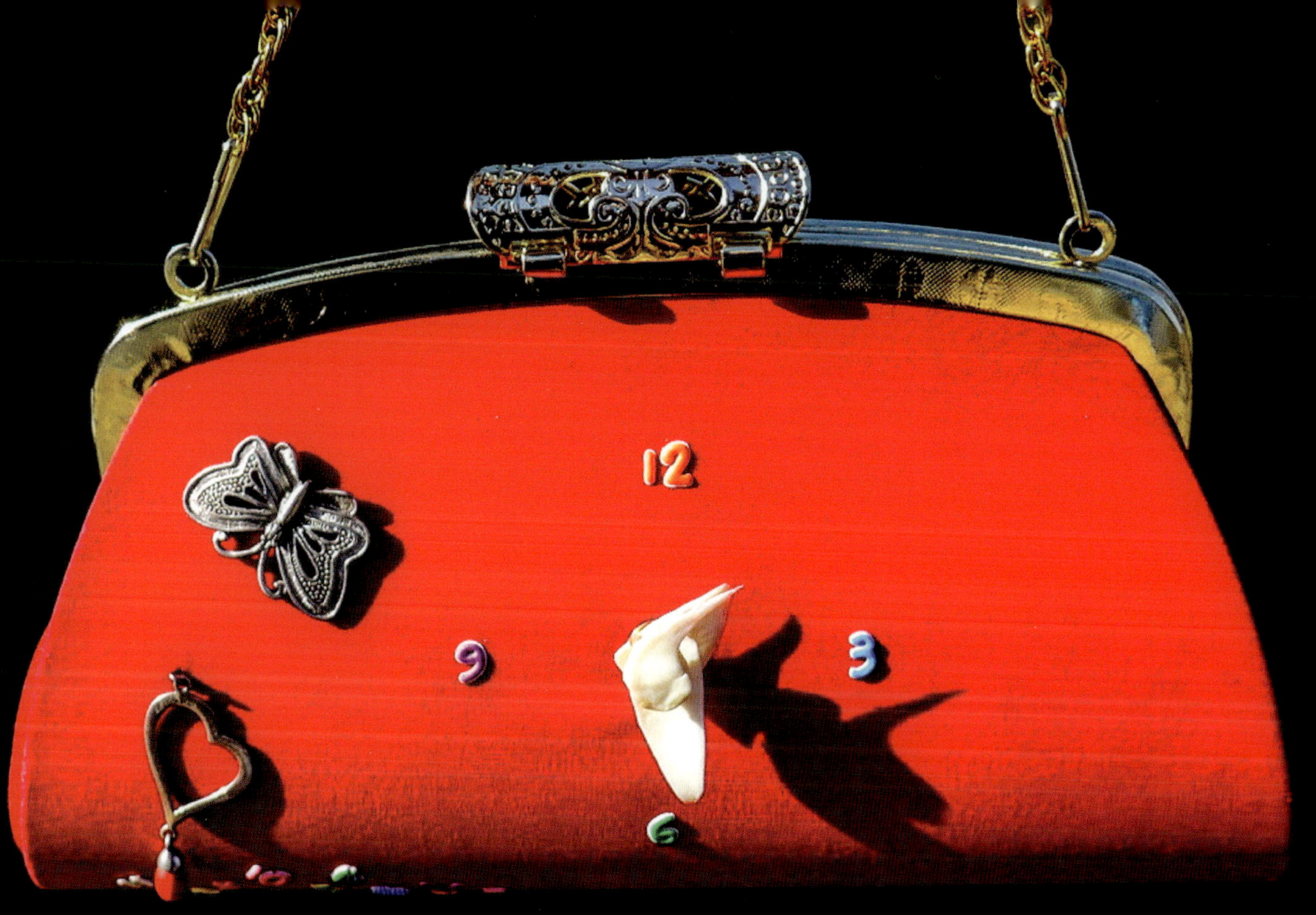

생선뼈로 바늘을 만든 수제의 가방 시계

부처님 오신 날 진관사의 연등축제

연등

세상사 번민 속에서
갈피 잡지 못한 이의
간절한 마음 담아
허공에 매단 불빛

잠자던 돌부처 깨워
밤하늘 북극성에
띄워 보내는 염원

반짝이는 별들도
그 애절함에
화답하듯
젖은 눈 깜박인다

애절한 목소리를 가진 새, 뻐꾸기

뻐꾸기

비가 내리는 데도
등 뒤에서 애타게 울어
자꾸만
뒤돌아보게 하는 뻐꾸기 소리

불현듯 떠오르는
먼 고향 들판 속의 어머니 모습
빗속에서 일하시다
애틋한 손짓으로 부르시던 소리 같은
뻐꾹 뻐꾹 뻐꾹

"막내는 돈 없응게 기별하지 말거라"
마지막 가시는 길
차비조차 없는 아들을 염려하신 당신

뻐꾸기 울음마다
눈물로 매달리는 그리움으로
화답하듯 일손 멈추고
가만히 불러 봅니다

어머니!

신작로, 그 길

물로 배를 채우고
공부하는 것만으로 감사해야 했던
가슴앓이 많았던 초등학교 시절

수문에 고동이 다닥다닥 붙어 있던 저수지
고개(재술재)를 넘어야만 나오는
신작로 걸어서 십 리 길
면 소재지에 있는 학교에 다녔다

가끔은 새우젓 싣고 말달구지가 다니기도 했던
여차장 문을 두드리는 소리와 함께
뽀얀 먼지 일으키며 버스가 떠날 땐
미루나무 뒤에 숨어서 멀찍이 바라보던 길

아련한 추억 속을 거슬러 오르면
눈길 두는 곳마다 한 폭의 그림이었던
냇물이 흐르고 송사리가 뛰놀던 그 시절
돌아가 다시 걸어 보고 싶은 그 길

지금은 볼 수 없는 고향의 신작로 풍경

가을 하면 생각나는 빨간 고추잠자리

고추잠자리

붉은 단풍나무 숲에서 쉬어 갈까
청잣빛 하늘 위로 날아갈까
한낮 풀숲에 앉아
고요히 명상에 잠긴다

내 생에 단 한 번뿐인 기회
눈부신 가을이 다 가기 전
이 계절을 노래해야지

고추잠자리 맴맴
어지러운 환상 속
정중동의 가을

수줍게 핀 봄날의 빨간 매발톱꽃

L시인의 편지

때로는 도시 속에서도 순수를 고집하여
산을 말하고 그를 꿈처럼 수북수북 입고 계신 그대
도시가 차마 이루어 내지 못한
꿈을 차곡차곡 심어 놓고
두터운 두 발로 꾹꾹 오늘도 다지고 계신 그대
그 계절이 다 돌아간 지금
그대의 골짜기엔 이끼처럼 그 꿈
오늘도 서리서리 푸르고 있는지요

어쩌다 인연은 산처럼 푸르거나
붉거나 희고 또 과묵하게 말없음으로
찾아와 우리의 등을 든든하게
쓸어 주었는지도 모르겠네요
산 만큼의 인연으로
평안하고 변하지 않을 인연의 뿌리가
되었으면 해요

임의 말 없음이 산의 침묵을 닮았고
단조롭지만 크게 웃지 않는 미소가
그의 기쁨과 같으며
또한 그 빛깔은 문학의 색조이고
그의 냄새는 문학의 향기이더이다

문학의 샘으로 두레박을 다시 내린 시인이여
물을, 아니 진정 산을 길어 올리소서
그대만의 언어로 된 산을 숲을

시선을 끄는 갈매기의 사랑놀이 (1~5번 순)

굴을 따는데 여념이 없는 제부도 아낙

한여름 비양도 해수욕장의 사랑 연인

사랑

추상적인 거래다

잡힐 듯 잡히지 않는

그래서 언제나 목마른

허상 같은 것

커피 향기

취한 듯
이끌려 커피를 마신다
온몸에 퍼지는 검은 향취

살아도 살아도
알 수 없는
삶의 맛 같은

한 잔의
커피가 전해 주는
쓰고도 달콤한 향기

시들지 않고 떨어져 두 번 피어나는 듯한 동백꽃

동백꽃

가슴 붉게 물들이다
기다림에 지쳐
툭,

그리고 침묵

제 빛깔만큼이나
강렬하게 살다
끝내는
온몸을 던지는 절망

세밑

모자란 날수 채우려나
해와 달이 써 놓은 일기장에
희끗희끗 눈발 날린다

떠나보낸 세월의 아쉬움에
길 재촉하는 철새들의 울음소리
또 한 해의 갈피를 접어야 한다

모든 걸 버리고 서 있는
빈 숲의 겨울나무들만
마지막 바람 소리 듣고 있구나

눈 속에 누워 무엇을 담으려는가?

귀가를 서두르는 일본 북해도의 단정학

활강할 준비를 모두 마친 패러글라이딩

새날을 여는 중국 황산의 황금 일출

김돈영(金暾泳) 시인

* 아호 : 은로(銀露)
* 월간 〈문예사조〉 시 신인상 등단
* 자유문예 민조시 추천 완료

* **시 · 사진집** : 『바람이 전하는 속삭임』
  『허공의 곡예사』
* **공저 시집** : 『세계시문학』, 『다음역에서 내린다』, 『꾼과 쟁이』 外

* 한국문인협회 은평지부 영상분과위원장
* 세계시문학회 편집국장
* 한국창작 사진가협회 부회장
* 한국비경 촬영단 회원

* 한국문인협회 공로상 수상
* 세계시문학회 본상 수상

* 시 · 사진 전시회 1회
* 서울시립미술관 경희궁별관 독도사진 그룹전 2회
* 대한민국예술인센터 개관기념 특별초대그룹전 외 다수

* 시샵 : cafe.daum.net/abird ☞ 신선루(神仙樓)
* 주소 : 서울시 은평구 통일로 856
* 메일 : rsunrise@hanmail.net
* 전 화 : 010-5272- 3399

김돈영 매혹적인 사진이 있는 시집

허공의 곡예사

초판 인쇄 2023년 5월 18일
초판 발행 2023년 5월 25일

지은이 | 김돈영
펴낸이 | 김효열
편 집 | 이세호

펴낸곳 | **을지출판공사**

등록번호 | 1985년 2월 14일 제 2-741호
주 소 | 서울시 마포구 양화진길 41, 603호
우편번호 | 04083
대표전화 | 02) 334-4050
팩시밀리 | 02) 334-4010
전자우편 | ejp4050@hanmail.net

값 30,000원

ISBN 978-89-7566-229-4 03810